Ingrid Moras

Laubsägen

Deko-Ideen aus Holz

BRUNNEN-REIHE

Inhalt

- **3** Faszination Holz
- **4** Material & Werkzeug
- **5** So gehts

· · · · · · · · · · · · · · · · · · · ·

- **6** Wachhund
- **8** Hahn & Henne
- **10** Bärige Merker
- **12** Zarte Windlichter
- **14** Urlaubserinnerungen
- **16** Lustige Raben
- **18** Klangspiele
- **20** Zetteltiere
- **22** Nützliche Vögel
- **24** Klappspiegel
- **26** Pinguin & Co.
- **28** Pfiffige Dosen
- **30** Weihnachtslichter

Faszination Holz

Das Naturmaterial Holz fasziniert immer, ganz unabhängig von aktuellen Modeerscheinungen. Es „lebt" schon allein durch seine Maserung und kann mit ein wenig Farbe noch lebendiger ausgestaltet werden. Für viele begeisterte „Holzwürmer" bedeutet es höchstes Vergnügen, aus einem Holzstück originelle Figuren auszusägen, sie durch Schmirgeln abzurunden und ihnen mit Farbe den letzten Pfiff zu geben.

So entstehen zum Beispiel kleine hilfreiche Gesellen, die große wichtige Notizen festhalten oder große „bärige" Merktafeln, die viele Kleinigkeiten fest im Griff haben. Ein liebenswerter Wachhund begrüßt die Gäste, ein Glücksschwein oder Nilpferd dienen als spaßige Geschenkdosen und zarte, stimmungsvolle Windlichter bezaubern Jung und Alt.

Ich wünsche Ihnen viel Spaß
beim Sägen und Bemalen.

Ihr Holzwurm

Material & Werkzeug

Holz und Holzleim

Sperrholz in den Stärken von 4 bis 10 mm ist besonders für Anfänger gut geeignet, da es leicht zu sägen ist. Die meisten Beispiele im Buch sind aus Sperrholz. Aber auch **Dreischichtplatten** (ca. 13 mm) werden verarbeitet, ebenso Vierkantleisten und Halbkugeln aus Holz. Zum Verbinden von Holzlagen einen **Holzleim** verwenden.

Laubsäge oder Dekupiersäge

Zur **Laubsäge**-Grundausstattung gehören ein Laubsägebogen, dünne Laubsägeblätter für Holz und ein Sägetischchen mit Schraubenklemme. Wenn Sie mehr mit Holz arbeiten möchten, sollten Sie über den Kauf einer **Dekupiersäge** nachdenken; sie macht Sägen zum reinen Vergnügen. Lassen Sie sich in Fachgeschäften über die vielen zahlreichen Modelle der elektrischen Sägen beraten, die es in verschiedenen Preislagen gibt. Für die Dekupiersägen je nach Modell Laubsäge- oder feine Stiftsägeblätter (135 x 2 x 0,25 mm) verwenden. Mit ihnen gelingen kleine Rundungen leicht und sauber. Wichtig ist, dass die Spitzen der Sägezähne immer nach unten zeigen und das Sägeblatt gespannt ist.

Farben und Lacke

Um die Modelle farbig auszugestalten, am besten Acryl-Mattfarben (z. B. von C. Kreul) verwenden, die wasserverdünnbar und wasserfest sind. Figuren, die im Freien stehen, mit einem wetterfesten Lack bemalen oder besprühen. Tipps zum Bemalen siehe Seite 32!

Sonstige Materialien und Hilfsmittel

Transparentpapier, ein weicher und harter Bleistift, ein Schmirgelschwamm, feines Schmirgelpapier, ein Tuch, Schraubzwingen sowie eine Kleinbohrmaschine und Bohrer in verschiedenen Größen helfen bei der Arbeit mit Holz. Darauf achten, dass die Löcher für Details aus Draht den gleichen Durchmesser haben wie der Draht. Runde, spitze Pinsel, flache Pinsel und ein Wasserglas sind die Utensilien fürs Bemalen.

Hinweis

Diese Materialien sowie eine Säge werden in der Materialspalte nicht erwähnt.

So gehts

Vorlagen übertragen

Die Vorlage auf Transparentpapier übertragen, auf der Rückseite mit einem weichen Bleistift nachfahren, das Papier mit den Bleistiftspuren auf die Vorderseite des Holzes legen und mit einem harten Bleistift übertragen. Eventuell auch ein Graphit-Kohlepapier zum Übertragen verwenden. Aufgeleimte Teile sind auf dem Vorlagebogen mit * gekennzeichnet.

Motivteile aussägen

Den Laubsägebogen mit sanftem Druck auf und ab bewegen bzw. das Holz leicht gegen das Sägeblatt der Dekupiersäge drücken. Bei Kurvenschnitten immer das Holz drehen, nie die Säge. Bei Zacken am besten immer zuerst von Spitze zu Spitze arbeiten, dann die Zacken aussägen. Beim Zurückziehen des Sägeblattes durch den Schnitt muss das Sägeblatt bewegt werden und darf nicht verbogen werden; deshalb das Holz immer richtig in Position drehen.

Innenausschnitte sägen

Am besten in der Mitte des auszuschneidenden Innenfeldes ein Loch bohren, das ausgespannte Sägeblatt durch das Loch führen und mit den Sägezähnen nach unten wieder einspannen. Den Innenausschnitt bearbeiten, das Sägeblatt danach wieder lösen, herausziehen und zum Weiterarbeiten neu einspannen.

Die Schleifarbeit

Mit feinem Schmirgelpapier alle Flächen kreuz und quer glätten; den letzten Schliff in Richtung der Maserung ausführen. Die Kanten immer von innen nach außen abrunden. Gut gelingt dies mit einem feinen Schmirgelschwamm oder bei kleinen Rundungen mit Schmirgelpapier, das um den Finger gewickelt wird.

Das Leimen

Den Holzleim dünn auf die staubfreie zusammenzuklebende Fläche auftragen. Nur eine Seite ganzflächig einstreichen. Die Holzteile mit Schraubzwingen oder -klemmen zusammenpressen; dabei Holz oder dicke Pappe dazwischenlegen, um Abdrücke zu vermeiden. Heraustretenden Leim sofort mit einem feuchten Tuch abwischen. Nach fünf Minuten die Schraubzwingen lösen.

Wachhund

Material

- Sperrholz, 8 mm, 4 mm
- Holzplatte, 13 mm
- Holzleim
- Acryl-Mattfarben in Weiß, Metallic-Gold, Rehbraun, Schwarz, Karmin, Maigrün, Moosgrün, Ultramarinblau, Türkis
- Seidenband in Grün

Vorlage A

1 Den Hund, die Schnauze mit angeschnittener Nase, eine separate Nase und Zunge, die Haare über den Augen, den Brustfleck sowie das Rückenteil aus dem 8-mm-Holz sägen, das Schild aus 4-mm-Holz und die Bodenplatte aus 13-mm-Holz. In die Bodenplatte einen Schlitz sägen (siehe dazu „Innenausschnitte sägen" auf Seite 5), in den der Hund eingesteckt bzw. eingeleimt wird.

2 Nach dem Schmirgeln und Aufmalen der Augen alle vorderen Details aufleimen und den Hund im Schlitz der Bodenplatte mit Holzleim fixieren. Zuletzt das Rückenteil mit der Schmalseite auf die Bodenplatte und auf die Rückseite des Hundes leimen. Alles mit Acrylfarben bemalen.

3 Das Schild bemalen, zwei Löcher bohren, ein Seidenband anbringen und dieses an der Zunge einhängen.

Hahn & Henne

Material

- Sperrholz, 8 mm
- Holzleim
- Acryl-Mattfarben in Karmin, Maigrün, Türkis, Ultramarinblau, Weiß, Schwarz, Metallic-Silber
- Aludraht, 2 mm ⌀
- Stahldraht, 2 mm ⌀
- 3 bzw. 4 Ringschrauben
- Transparent-Nähfaden

Hilfsmittel

- Rosenkranzzange
- runder Bleistift

Vorlagen B1 - B2

Beide Tiere aussägen. Für den Hahn zusätzlich zwei Flügel und für das Huhn zwei Füße arbeiten. Nach dem Schmirgeln die Motivteile aufleimen und alles bemalen. Unten jeweils ein Loch für den Stahldraht (2 mm ⌀) bohren. In die Schwanzfedern des Hahns und die Flügelfedern des Huhns Ringfedern einschrauben, an denen die Alusspiralen mit einem transparenten Faden angebunden werden. Jede Spirale aus einem 30 cm langen Draht anfertigen. Die kleinen Windungen mit einer Rosenkranzzange formen, die größeren über einen runden Bleistift drehen.

Bärige Merker

Abbildung & Materialangaben Seite 10/11

Die Motivteile für den **Blumenbär** aussägen und schmirgeln. Blumen und Nase aufleimen und bemalen. Die Tafelfolie für den Bauch ausschneiden und aufkleben. Zuletzt die Füße fixieren. Mit Seidenband nach Wunsch eine Kreide und eine Blume anbinden. Das Seidenband durch ein Loch in der Hand nach hinten ziehen und verknoten.

Für den **Pinnbären** die Form aussägen, schmirgeln und bemalen. Die Motivteile aus Kork am besten mit einem Cutter auf einer schnittfesten Unterlage ausschneiden und mit Kraftkleber fixieren.

Bärige Merker

Material

Blumenbär
- Sperrholz, 8 mm
- Holzleim
- selbstklebende Tafelfolie, 30 x 20 cm
- Acryl-Mattfarben in Metallic-Gold, Weiß, Rehbraun, Karmin, Ultramarinblau, Schwarz, Violett, Goldgelb, Moosgrün
- Seidenband in Grün
- Ringschraube

Pinnbär
- Sperrholz, 8 mm
- Acryl-Mattfarben in Metallic-Gold, Weiß, Rehbraun, Schwarz
- Korkplatte, 10 mm
- Kraftkleber

Hilfsmittel
- Cutter
- schnittfeste Unterlage

Vorlagen
C1 - C2

Anleitung siehe Seite 8

Zarte Windlichter

Material

Elefant
- Sperrholz, 4 mm
- Holzleiste, 10 x 10 mm
- Holzleim
- Acryl-Mattfarben in Türkis, Ultramarinblau, Weiß, Schwarz, Metallic-Silber

Schildkröte
- Sperrholz, 4 mm
- Holzleiste, 10 x 10 mm
- Holzleim
- Acryl-Mattfarben in Moosgrün, Rehbraun, Metallic-Gold, Schwarz, Weiß

Vorlagen D1 - D2

1 Für beide Windlichter das Tier jeweils viermal aussägen, für die Elefanten separat je ein Ohr und einen Stoßzahn. Die vier Lagen deckungsgleich übereinander legen, so festhalten und auf einer Holzplatte platzieren. Mit der Kleinbohrmaschine senkrecht die Löcher (2 mm ∅) durch alle Lagen bohren. Alles schmirgeln. Für jedes Windlicht vier 10 mm lange Würfel von der Holzleiste abschneiden.

2 Bei den **Elefanten** die Ohren und Stoßzähne aufleimen. Die Elefanten so zum Viereck anordnen, dass je ein Rüssel bündig mit der 4-mm-Seite eines Hinterfußes abschließt. Die aufeinander treffenden Flächen zusammenleimen. Mit den Holzwürfeln innen die Ecken verstärken.

3 Die hintere Schmalseite der einen **Schildkröte** jeweils mit der anderen Schildkröte so zusammenleimen, dass der Kopf übersteht. Innen die Ecken mit je einem aufgeleimten Holzwürfel stabilisieren.

4 Die Tischlichter mit Acrylfarben bemalen. Ein Teelicht mit Glashülle in die Mitte des Tischlichtes stellen.

Urlaubserinnerungen

Material

Bilderrahmen
- Sperrholz, 8 mm, 4 mm
- Acryl-Mattfarben in Maigrün, Türkis, Ultramarinblau
- Klebeaufhänger
- Klebeband

Seepferdchen
- Sperrholz, 8 mm
- Acryl-Mattfarben in Goldgelb, Maigrün, Türkis, Schwarz, Weiß
- Holzleim
- Klebeaufhänger
- Heiß- oder Kraftkleber

Vorlagen E1 - E2

Bilderrahmen

Das Blatt aus dem 8 mm starken Holz sägen, die Abdeckplatte für die Rückseite aus 4-mm-Holz. Für jeden Bild-Innenausschnitt zunächst ein Loch bohren, das ausgespannte Sägeblatt durch das Loch schieben und mit den Sägezähnen nach unten wieder einspannen. Den Bildausschnitt aussägen, das Sägeblatt lösen, herausziehen und wieder neu einspannen. Den Rahmen schmirgeln und bemalen. Fotos mit Klebeband an den Ausschnitten befestigen. Die Rückseite ebenfalls ankleben.

Seepferdchen

Alle Teile aussägen, schmirgeln und die Rundbögen aufleimen. Mit Acrylfarben bemalen. Die „Urlaubsschätze" am besten mit Heiß- oder Kraftkleber in den Feldern des Seepferdchens befestigen.

3 Lustige Raben

Material

Briefkasten-Raben
- US-Mailbox
- Holzplatte, 13 mm
- Holzleim
- Acryl-Mattfarben in Ultramarinblau, Türkis, Karmin, Orange, Moosgrün, Weiß, Schwarz, Metallic-Silber

Namensschild
- Sperrholz, 8 mm
- Stahldraht, 3 mm Ø
- Acryl-Mattfarben in Türkis, Ultramarinblau, Orange, Karmin, Weiß, Schwarz, Metallic-Silber, Maigrün, Moosgrün
- Transparent-Nähfaden

Vorlagen F1 - F2

Briefkasten-Raben

Die beiden Raben sowie die beiden Flügel aus 13-mm-Holz sägen, sauber schmirgeln, die Details aufleimen und alles deckend mit unverdünnten Acrylfarben bemalen. Eventuell noch zusätzlich lackieren.

Namensschild

Den Raben und die Ziffern aus 8-mm-Sperrholz sägen, gründlich glätten und mit verdünnten Acrylfarben bemalen, damit die Holzstruktur sichtbar bleibt. Nach Wunsch die Details mit Schwarz konturieren. Löcher durch den Schnabel und die Ziffern bohren. Mit transparenten Fäden Ziffern und Schnabel miteinander verbinden.

Klangspiele

Material

Eulen
- Sperrholz, 4 mm
- Holzleim
- Acryl-Mattfarben in Weiß, Metallic-Gold, Rehbraun, Schwarz, Weiß, Metallic-Silber, Goldgelb, Maigrün
- Serviettenkleber
- Serviette „Herbstpoesie" (IHR), 33 x 33 cm
- Klangstäbe, 12, 14, 16 cm
- Transparent-Nähfaden

Igel
- Sperrholz, 4 mm
- Holzleim
- Acryl-Mattfarben in Weiß, Metallic-Gold, Metallic-Silber, Rehbraun, Schwarz
- Klangstäbe, 4, 6, 8 cm
- Transparent-Nähfaden

Vorlagen G1 - G2

Eulen

1 Die Eulen und die einzelnen Motivteile (Köpfe, Flügel der kleinen Eule) aussägen und bemalen. Dabei die Flächen zunächst grundieren, dann mit einem dünnen Pinsel die kleinen Federn aufsetzen und Köpfe und Flügel mit Schwarz konturieren. Im Ast kleine Löcher bohren.

2 Für die Blätter das Blattmotiv grob aus der Serviette schneiden und die oberste farbige Schicht ablösen. Sperrholz mit Serviettenkleber dünn bestreichen, das Blattmotiv auflegen und mit Serviettenkleber immer von der Mitte ausgehend übermalen. Nach dem Trocknen mit einem Föhn die Blätter an den Umrissen entlang aussägen. Je ein kleines Loch bohren und Blätter und Klangstäbe mit einem transparenten Faden anbinden.

Igel

Den Stachelpelz, den Igelkörper, die Nase und die drei Stacheln über den Augen aussägen. Den Körper aufleimen, bemalen und anschließend mit Schwarz konturieren. Drei Löcher bohren und die Klangstäbe mit einem transparenten Faden anhängen.

Material

Katze
- Holzplatte, 13 mm
- Holzleim
- Aludraht,
  2 x 10 cm, 2 mm ⌀
- 2 Krokodilklemmen
- Acryl-Mattfarben
  in Rehbraun, Metallic-Gold, Weiß, Schwarz

Frösche
- Holzplatte, 13 mm
- Holzleim
- Aludraht,
  2x 10 cm, 2 mm ⌀
- 2 Krokodilklemmen
- Acryl-Mattfarben
  in Maigrün, Moosgrün, Weiß, Schwarz
- Ringschraube
- Zugfeder,
  20 cm, 9 mm ⌀

Hilfsmittel
- Rosenkranzzange

Vorlagen H1 - H2

Hinweis
Beide Tiere können sowohl als „Springmerker" mit einer Zugfeder als auch als „Türklinkenbotschafter" verwendet werden.

Zetteltiere

Die **Katze**, den Kopf und den Brustfleck aussägen, die Details aufleimen und alles bemalen. Zwei Löcher am unteren Rand bohren (2 mm ⌀). An zwei jeweils 10 cm langen Aludrähten je eine Krokodilklemme mit einer Zange festklemmen. Die Drähte in die Löcher stecken und mit Sekundenkleber fixieren.

Für den **Frosch** alle Teile aussägen und schmirgeln. Den Bauch hinten, die „Arme" vorne aufleimen, den kleinen Kopf auf dem Bauch fixieren. Alles bemalen. Die Krokodilklemmen-Beine wie bei der Katze arbeiten. Oben eine Ringschraube eindrehen und die Zugfeder einhängen.

Nützliche Vögel

Abbildung & Materialangaben Seite 22/23

1 Alle Vögel und alle mit einem • gekennzeichneten Motivteile aussägen und aufeinander leimen.

2 Für den **Brillenständer** eine runde Bodenplatte aussägen und bemalen. In der Mitte der Platte und unten am Vogel je zwei Löcher (3 mm ⌀) bohren; Vogel und Bodenplatte mit zwei Stahldrähten verbinden.

3 Beim **Vogel-Zettelhalter** Löcher (2 mm ⌀) bohren (siehe Vorlage). Aus Aludraht mit einer Zange flache Spiralen für den Kopf, über einen Rundstab Spiralen für die Schwanzfedern formen und in die Löcher stecken. Eventuell mit Sekundenkleber sichern. Die Krokodilklemmen festklemmen.

4 Für die **Buchstütze** zwei Brettchen aussägen und im rechten Winkel zusammenleimen. Den Vogel an den Füßen aufkleben, dann die Brettchen bemalen.

Nützliche Vögel

Material

- Holzplatte, 13 mm
- Acryl-Mattfarben in Goldgelb, Maigrün, Türkis, Schwarz, Weiß, Ultramarinblau, Metallic-Silber
- Stahldraht, 2x 12 cm, 3 mm Ø
- Aludraht, 2 mm Ø
- Krokodilklemme

Hilfsmittel

- Rosenkranzzange
- Rundstab, 10 mm Ø

Vorlagen

J1 - J3

Anleitung siehe Seite 20

Tipp

Die Vögel können auch aus 8-mm-Holz gefertigt werden, da dieses sich mit der Laubsäge leichter sägen lässt.

Klappspiegel

Material

- Sperrholz, 8 mm
- Holzleisten,
  10 x 10 mm,
  5 x 10 mm
- Spiegelfliese,
  15 x 15 cm
- 4 Schatullenscharniere
- Schrauben, 12 mm
- Acryl-Mattfarben in Goldgelb, Orange, Maigrün, Türkis, Ultramarinblau
- doppelseitiges Klebeband

Vorlage K

1 Für ein persönliches Profil am besten ein weißes Papier an die Wand kleben und mit dem Gesicht möglichst nahe an das Papier herangehen. Eine auf das Papier gerichtete Lichtquelle zeichnet das Profil deutlich auf dem Papier ab, sodass es mit einem Bleistift nachgezeichnet werden kann. *Wichtig:* Der Hinterkopf muss eine gerade Linie sein. Die Hand einfach aufs Papier legen und nachzeichnen, dabei die Handkante begradigen.

2 Die Grundplatte, das Gesicht und die Hand aussägen, schmirgeln und bemalen. Zwei Leisten absägen und auf die Grundplatte leimen, wie die Vorlage zeigt. Alles bemalen. Den Spiegel mit doppelseitigem Klebeband zwischen den Leisten fixieren.

3 Zum Anschrauben der Scharniere die Hand und den Kopf unten bündig neben den Spiegel legen, dazu am besten etwas darunter legen. Abstand für das Scharniergelenk halten. Kleine Löcher vorbohren und die Scharniere festschrauben. Der Bohrer muss einen kleineren Durchmesser als die Schrauben haben.

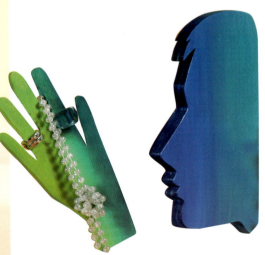

Pinguin & Co.

Material

Notizzettelhalter
- Holzleiste, 10 x 20 mm, 10,3 cm lang
- Aludraht, 2 mm ⌀
- Krokodilklemme
- Acryl-Mattfarben in Schwarz, Weiß, Metallic-Silber

Pinguin-Handyhalter
- Acryl-Mattfarben in Schwarz, Weiß, Karmin, Metallic-Silber

Seehund-Handyhalter
- Acryl-Mattfarben in Metallic-Silber, Türkis, Karmin, Schwarz, Weiß
- Aludraht, 2 mm ⌀

Alle
- Sperrholz, 8 mm
- Holzleim

Hilfsmittel
- Rosenkranzzange
- Rundstab, ca. 10 mm ⌀

Vorlagen L1 - L3

Notizzettelhalter

Die Pinguine aussägen, schmirgeln und bemalen. Die Holzleiste mit der breiten Seite als Boden zwischen die Pinguine leimen. Im Flügel je ein Loch bohren. Aus einem 20 cm und einem 60 cm langen Draht die Metallelemente formen. Dabei die kleinen Windungen mit einer Rosenkranzzange drehen, die größeren über einem Rundstab formen. Auf das kurze Stück eine Krokodilklemme mit der Zange fixieren. Den langen Draht mit einer kleinen flachen Spirale beenden, die vom Drahtende her geformt wird. Die Drähte in den Löchern befestigen.

Handyhalter

Alle Teile für die Handyhalter aussägen, sauber schmirgeln, zusammenleimen und bemalen. Beim Seehund-Kopf seitlich je zwei Löcher (2 mm ⌀) bohren und die aus 12 bis 15 cm langen Aludrähten geformten flachen Spiralen einschieben bzw. -kleben. Die Schnurrhaare auf der Vorderseite des Kopfes mit silberfarbener Acrylfarbe weiterzeichnen.

Pfiffige Dosen

Material

Glücksschwein
- 4 Halbkugeln aus Holz, 30 mm ⌀
- Aludraht, 15 cm, 2 mm ⌀
- Acryl-Mattfarben in Pink, Rosé, Schwarz, Weiß

Nilpferd
- 4 Halbkugeln aus Holz, 30 mm ⌀
- Acryl-Mattfarben in Türkis, Rosé, Schwarz, Weiß

Katze
- Holzleiste, 10 x 20 mm
- Acryl-Mattfarben in Weiß, Schwarz, Metallic-Gold, Rehbraun, Rosé, Pink
- Golddraht, 0,8 mm ⌀

Alle
- Holztruhe, 13 x 9 x 9 cm
- Sperrholz, 8 mm
- Holzleim

Vorlagen M1 - M3

Der Körper besteht bei allen Tieren aus einer fertigen Holztruhe. Alle Köpfe und Schwänze aussägen, gut schmirgeln und auf der unteren Hälfte der Truhe aufleimen. Den Schwanz des Glücksschweins aus einem 15 cm langen Aludraht spiralförmig drehen und in einem gebohrten Loch (2 mm ⌀) befestigen. Als Füße beim Schwein und Nilpferd Halbkugeln aufleimen, bei der Katze Holzleisten, deren Enden abgerundet sind. Alles mit Acrylfarben bemalen.

Weihnachtslichter

Abbildung & Materialangaben Seite 30/31

Alle Motivteile aussägen. Den Engel auf ein Stück Holz legen und die Löcher in Sternform bohren (2 mm ⌀). Nach dem Glätten der Flächen und Kanten die Figuren auf den jeweiligen Holz-Teelichthaltern aufleimen. Alles mit Acrylfarben bemalen und nach Wunsch mit Schwarz konturieren. Stern, Mond und Laterne mit einem transparenten Faden anbinden, dazu jeweils ein kleines Loch bohren. Für die Engelshaare kurze Silberdrahtstücke zu flachen Spiralen eindrehen und diese in vorgebohrte Löcher (0,6 mm ⌀) einschieben bzw. einkleben.

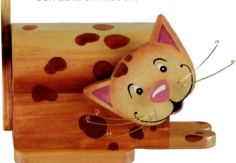

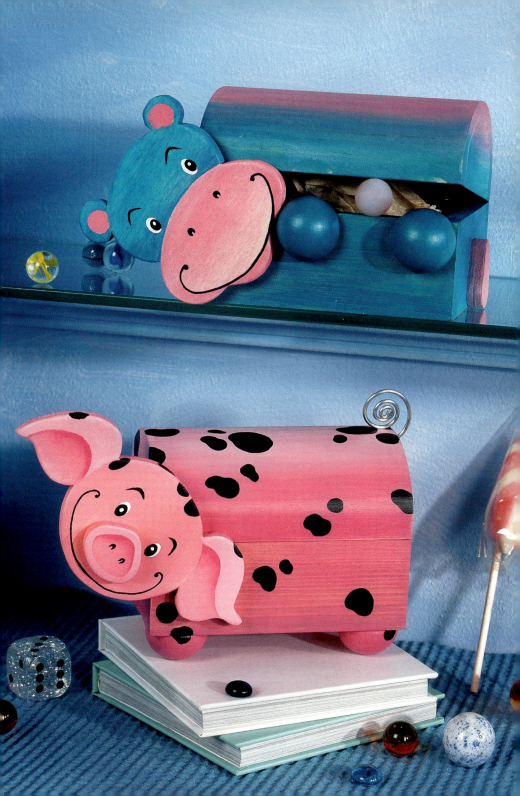

Weihnachts-lichter

Material

- Sperrholz, 4 mm
- Holz-Teelichthalter, 7,5 x 7,5 cm, Höhe 5, 9 und 12 cm
- Acryl-Mattfarben in Moosgrün, Maigrün, Türkis, Ultramarinblau, Rosé, Karmin, Rehbraun, Orange, Zitronengelb, Weiß, Schwarz, Metallic-Silber, Metallic-Gold
- Silberdraht, 0,6 mm ∅
- Transparent-Nähfaden

Vorlagen
N1 - N3

Anleitung siehe Seite 28

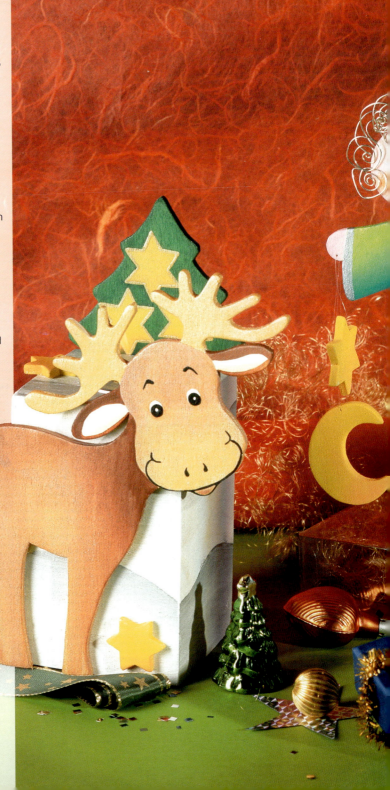

Impressum

© 2002
Christophorus-Verlag GmbH
Freiburg im Breisgau
Alle Rechte vorbehalten –
Printed in Germany
ISBN 3-419-56365-5

2. Auflage 2003

Jede gewerbliche Nutzung der Arbeiten und Entwürfe ist nur mit Genehmigung der Urheberin und des Verlages gestattet. Bei Anwendung im Unterricht und in Kursen ist auf diesen Band der Brunnen-Reihe hinzuweisen.

Lektorat:
Irmgard Böhler, Freiburg

Styling und Fotos:
Weber & Göröcs, Feiburg
Titel: Roland Krieg, Waldkirch

Covergestaltung und Layoutentwurf:
Network!, München

Gesamtproduktion:
smp, Freiburg
Layout: Gisa Bonfig, Freiburg

Druck:
Freiburger Graphische Betriebe

Wir sind für Sie da, wenn Sie Fragen haben.
Und wir interessieren uns für Ihre eigenen Ideen und Anregungen.
Schreiben Sie uns, wir hören gerne von Ihnen!
Ihr Christophorus-Team

Christophorus-Verlag GmbH
Hermann-Herder-Str. 4
79104 Freiburg
Tel.: 0761/ 27 17-0
Fax: 0761/ 27 17-3 52
oder e-mail:
info@christophorus-verlag.de
www.christophorus-verlag.de

Profi-Tipp der Autorin

So bemalen Sie wie ein Profi

Grundsätzlich das Holz vorher mit Wasser anfeuchten. Auf diese Weise werden unschöne Trockenränder vermieden und fließende Farbübergänge gelingen besser, indem die Stelle mehrmals mit einem Flachpinsel überstrichen wird. Für dünne Linien nur die Spitze eines kleinen, spitz zulaufenden runden Pinsels in die Farbe tauchen.

Je nach Geschmack können die Holzfiguren mit unverdünnten Acrylfarben bemalt werden (siehe Raben auf dem Briefkasten) oder mit stark verdünnten Farben (siehe Raben-Namensschild), damit die Holzstruktur sichtbar bleibt. Mit nachträglich aufgetragenen schwarzen Konturen (siehe Igel oder Schneemann) werden Motivteile deutlich voneinander abgehoben.

Weitere Titel aus der Brunnen-Reihe